Charlotte

petit oubli

éditions du Rouergue

OH LA LA

misère de misère

ben,

j'ai un petit peu oublié

que c'était ton anni...versaire

pas le moindre petit bout
de ficelle ou de papier

pas même un tout p'tit caillou

ni un refrain à chanter

j'ai honte

HONTE d'avoir oublié

je me sens tout confus

moi qui ai une mémoire d'éléphant

OH LA LA MA TÊTE...

comment je vais faire, moi ?

t'aurais pu me le glisser à l'oreille

juste pour me le rappeler

EN plus,

ÇA M'ARRIVE JAMAIS

ÇA M'ARRIVE JAMAIS !

ENFIN,

SAUF AUJOURD'HUI...

j'ose pas t'appeler

je suis timide
comment je peux t'expliquer ?

dis,

tu peux venir maintenant

je crois que j'ai une idée

psst!

je te ferais un bisou dans le cou

ou un petit câlin sur la joue

ON METTRAIT UNE FICELLE,

ÇA FAIT FÊTE

c'est doux

rien que d'y penser,
c'est doux

MAIS ...

… je le mets où mon câlin ?

t'es même pas là !

tu sais,

ça se garde pas dix ans un câlin !

ouvrage réalisé par le studio graphique des Éditions du Rouergue

achevé d'imprimer en août 1997

sur les presses de Proost - Turnhout (Belgique)

dépôt légal : septembre 1997

i.s.b.n. : 2 84156 064 3

« Loi n° 49.956 du 16 juillet 1949 sur les publications destinées à la jeunesse »